Impressum
Verlag: BABADADA GmbH, Nedderfeld 112 , 22529 Hamburg
Geschäftsführer / Verlagsleitung: Harald Hof
Druck: Books on Demand GmbH, In de Tarpen 42, 22848 Norderstedt

Imprint
Publisher: BABADADA GmbH, Nedderfeld 112 , 22529 Hamburg, Germany
Managing Director / Publishing direction: Harald Hof
Print: Books on Demand GmbH, In de Tarpen 42, 22848 Norderstedt, Germany

okul

мактаб

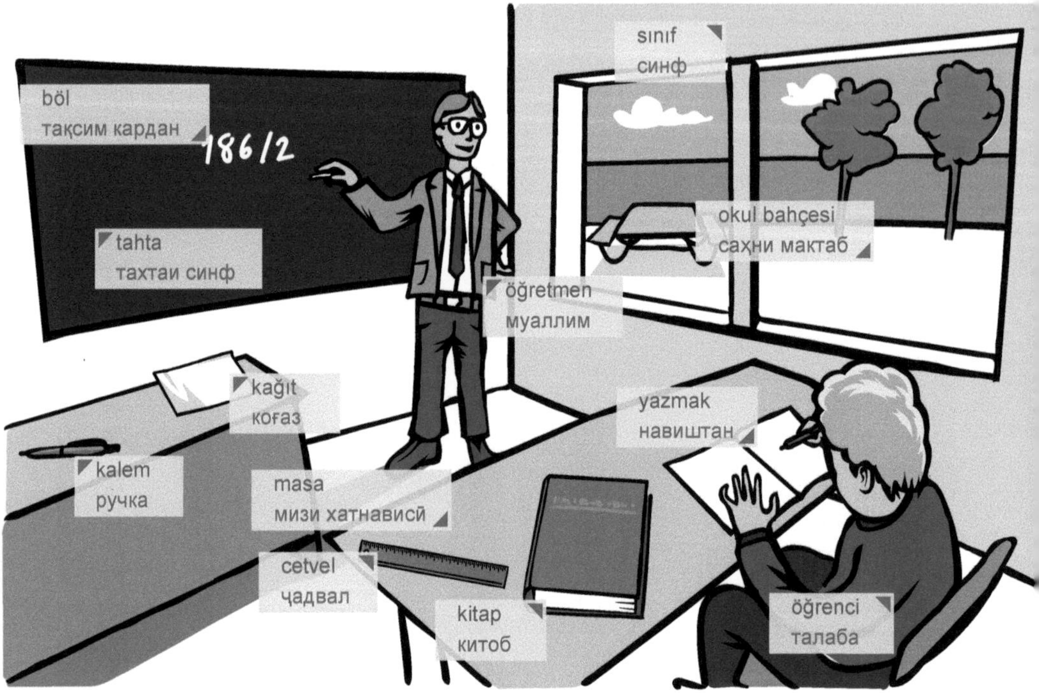

sınıf
синф
böl
тақсим кардан
186/2
tahta
тахтаи синф
okul bahçesi
саҳни мактаб
öğretmen
муаллим
kağıt
коғаз
yazmak
навиштан
kalem
ручка
masa
мизи хатнависӣ
cetvel
ҷадвал
kitap
китоб
öğrenci
талаба

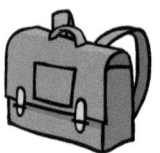

okul çantası

ҷузвдон

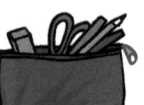

kalemlik

қаламдон

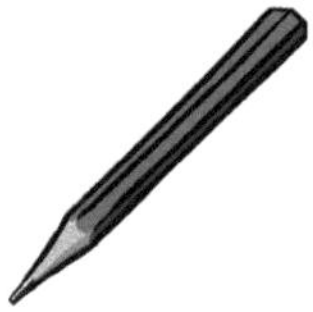

kurşun kalem

қалам

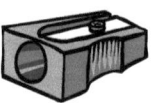

kalem açacağı

қаламтезкунак

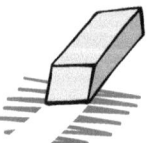

silgi

хаткуркунак

çizim defteri

блокноти расмкашӣ

çizim

расм

resim fırçası

мӯқалами рассомӣ

boya kutusu

қуттии рангхо

makas

қайчӣ

tutkal

широш

alıştırma kitabı

дафтари машқ

ödev

вазифаи хонагӣ

12

sayı

рақам

2+2

ekle

ҷамъ кардан

5-2

çıkar

кам кардан

2×2

çarp

зарб задан

hesapla

ҳисоб кардан

A

harf

ҳарф

ABCDEFG HIJKLMN OPQRSTU VWXYZ

alfabe

алфавит

kelime

калима

metin

матн

okumak

хондан

tebeşir

бӯр

ders

дарс

kayıt

журнали синфӣ

sınav

имтиҳон

sertifika

шаҳодатнома

okul forması

либоси мактабӣ

eğitim

таҳсил/маориф

ansiklopedi

энсиклопедия

üniversite

донишгоҳ

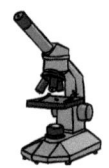

mikroskop

микроскоп (more frequently used)

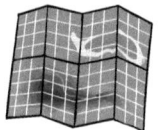

harita

харита

kağıt çöp kutusu

сабади партофҳои коғазӣ

otel
меҳмонхона

Grand

pansiyon
хобгоҳ

ROOMS

EXCHANGE

döviz bürosu
нуқтаи мубодилаи асъор

bavul
чамадон

otomobil
мошин

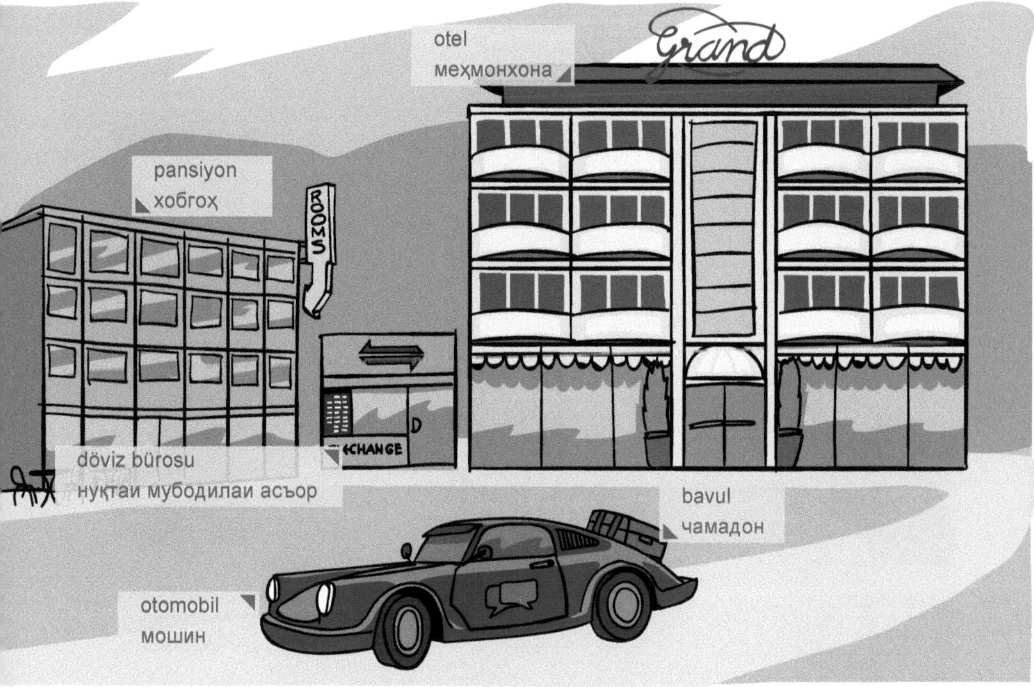

dil
забон

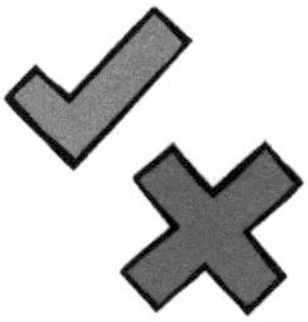

evet / hayır
ҳа / не

Tamam
Хуб

merhaba
Ассалому алейкум

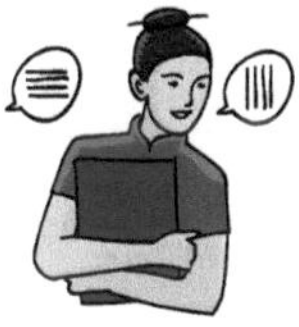

çevirmen
тарҷумон

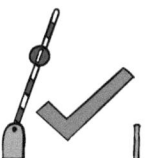

Teşekkür ederim
Раҳмат

bu ... ne kadar?

чй қадар аст ...?

anlamadım

Ман намефаҳмам

problem

проблема

İyi akşamlar!

шаб ба хайр!

Günaydın!

субҳ ба хайр

İyi geceler!

шаби хуш

güle güle

хайр

yön

равона

bagaj

бағоҷ

çanta

ҷузвдон

sırt çantası

борхалта

misafir

меҳмон

oda

хона

uyku tulumu

хобхалта

çadır

хайма

turist danışma

маълумоти сайёҳӣ

sahil

соҳил

kredi kartı

корти кредитӣ

kahvaltı

наҳорӣ

öğle yemeği

хӯроки пешин

akşam yemeği

хӯроки шом

Bilet

чипта

asansör

лифт

pul

марка

sınır

сарҳад

gümrük

Гумрук

elçilik

сафорат

vize

раводид

pasaport

шиноснома

ulaşım

нақлиёт

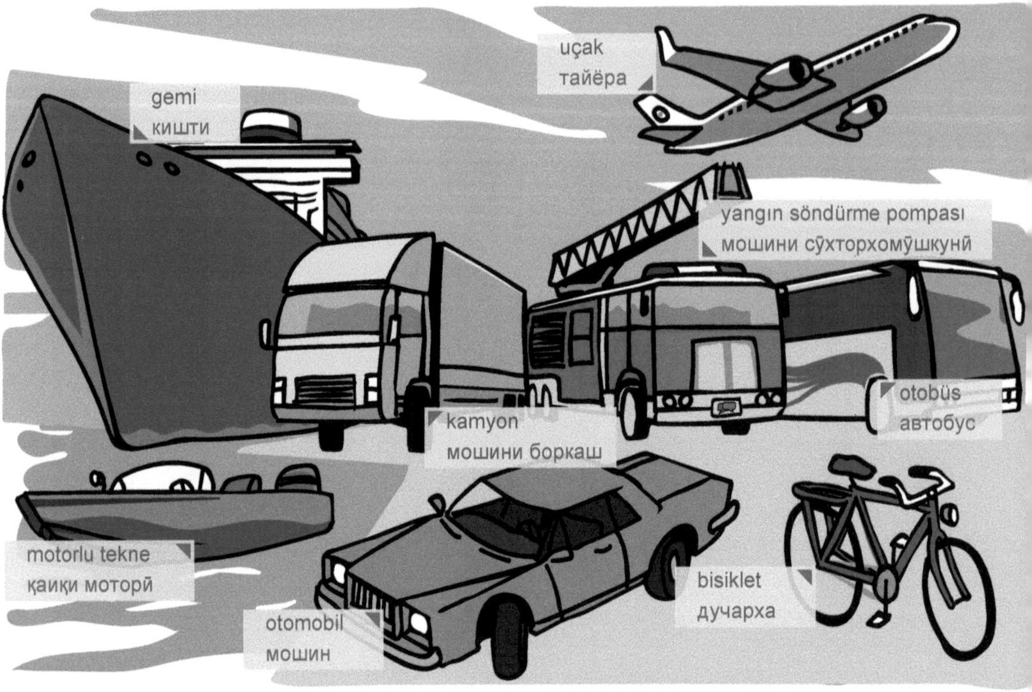

uçak
тайёра
gemi
кишти
yangın söndürme pompası
мошини сӯхторхомӯшкунӣ
kamyon
мошини боркаш
otobüs
автобус
motorlu tekne
қаиқи моторӣ
bisiklet
дучарха
otomobil
мошин

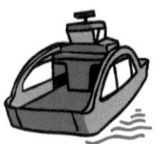

feribot

паром

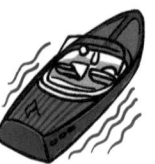

bot

қаиқ

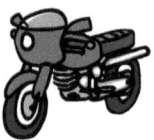

motosiklet

мотосикл

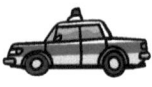

polis arabası

мошини полис

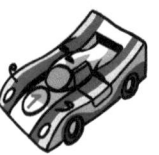

yarış arabası

мошини тезрави пойгаи

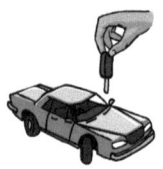

kiralık araba

кирояи мошинҳо

ortak araba

ҳамроҳ истифодабарии мошин

çekici

эвакуатор

çöp kamyonu

павтовчамъкунӣ

motor

муҳаррик

yakıt

сӯзишворӣ

benzinlik

нуқтаи фуруши сӯзишворӣ

trafik işareti

аломати роҳ

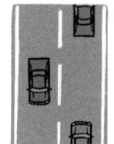

trafik

ҳаракат

trafik sıkışıklığı

бандшавии ҳаракати роҳ

otopark

ҷои исти мошинҳо

tren istasyonu

истгоҳи роҳи оҳан

ray

роҳи оҳан

tren

қатора

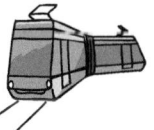

tramvay

тамвай

vagon

вагон

helikopter

чархбол

havaalanı

фурудгоҳ

kule

манора

yolcu

мусофир

konteyner

контейнер

koli

щутии картонӣ

yük arabası

ароба

sepet

сабад

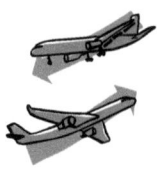

kalkış / iniş

гирифтан / замин

şehir

шаҳр

köy

деҳа

şehir merkezi

маркази шаҳр

ev

хона

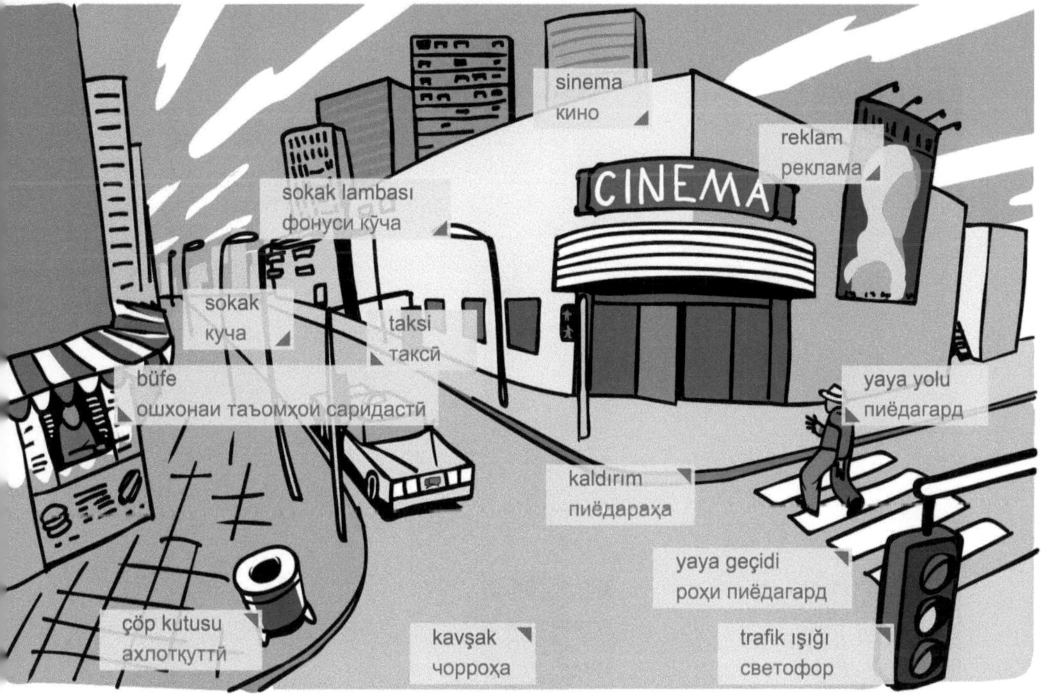

sinema
кино

reklam
реклама

sokak lambası
фонуси кӯча

sokak
кӯча

taksi
такси

büfe
ошхонаи таъомҳои саридастӣ

yaya yolu
пиёдагард

kaldırım
пиёдараҳа

yaya geçidi
роҳи пиёдагард

çöp kutusu
ахлотқуттӣ

kavşak
чорроҳа

trafik ışığı
светофор

kulübe
кулба

apartman dairesi
ҳамвор

tren istasyonu
истгоҳи роҳи оҳан

belediye binası
бинои маъмурияти шаҳр

müze
осорхона

okul
мактаб

üniversite

донишгоҳ

banka

бонк

hastane

бемористон

otel

меҳмонхона

eczane

доухона

ofis

идора

kitapçı

сехи китоб

mağaza

сехи

çiçekçi

мағозаи гулфурӯшӣ

süpermarket

супермаркет

market

бозор

büyük mağaza

универмаг

balık satıcısı

мағозаи моҳифурӯшӣ

alışveriş merkezi

маркази савдо

liman

бандар

park

парк

bank

бонк

köprü

пул

merdiven

зинапоя

metro

метро

tünel

нақби

otobüs durağı

истгоҳи автобус

bar

бар

restoran

тарабхона

posta kutusu

қуттии почта

sokak tabelası

аломати номи кӯчаҳо

otopark sayacı

ҳисобкунаки исти мошинҳо

hayvanat bahçesi

боғи ҳайвонот

yüzme havuzu

ҳавзи шиноварй

cami

масчид

çiftlik

ферма

kirlilik

ифлоскунй

mezarlık

қабристон

kilise

калисо

oyun alanı

майдончаи бозй

tapınak

маъбад

arazi

ландшафт

yaprak
барг

yön tabelası
аломати роҳнамо

yol
роҳ

çayır
алафзор

taş
санг

ağaç
дарахт

yürüyüşçü
сайёҳ

ırmak
дарё

çimen
алаф

çiçek
гул

vadi

водй

tepe

кӯҳ

göl

кул

orman

беша

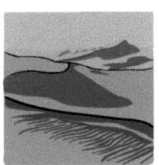

çöl

биёбон

volkan

вулкан

kale

қалъа

gökkuşağı

рангинкамон

mantar

занбӯруғ

palmiye

дарати нахл

sivrisinek

хомӯшак

sinek

паридан

karınca

мурча

arı

занбур

örümcek

тортанак

böcek

гамбӯсак

kurbağa

қурбоққа

sincap

санчоб

kirpi

хорпушт

yabani tavşan

харгӯш

baykuş

бум

kuş

парранда

kuğu

мурғи қу

yaban domuzu

хуки ваҳшӣ

geyik

оху

geyik

гавазн

baraj

сарбанд

rüzgar türbini

турбина шамол

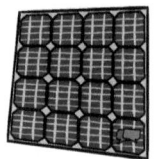

güneş paneli

панел офтобӣ

iklim

иқлим

restoran
тарабхона

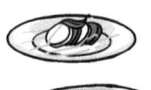

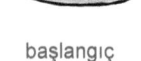

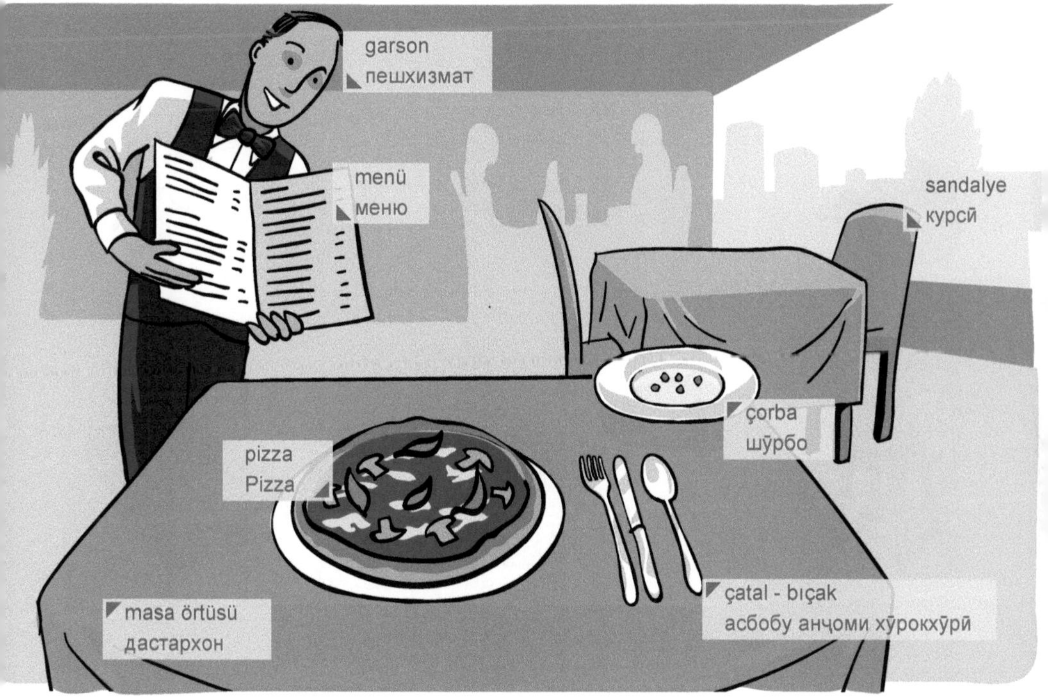

garson
пешхизмат
menü
меню
sandalye
курсӣ
çorba
шӯрбо
pizza
Pizza
masa örtüsü
дастархон
çatal - bıçak
асбобу анҷоми хӯрокхӯрӣ

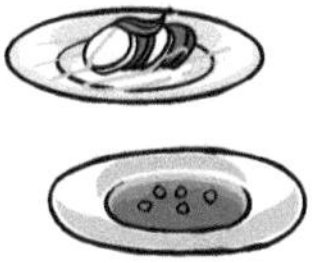

başlangıç

стартер/корандоз

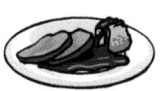

ana yemek

хӯроки асосӣ

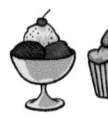

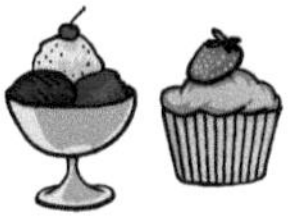

tatlı

десерт

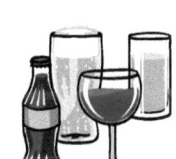

içecekler

нӯшокиҳои

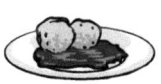

yemek

таъом

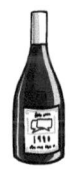

şişe

шиша

fastfood

Хӯроки Тез Таёр мешуда

sokak yemeği

хӯроки кӯчагӣ

çaydanlık

чойник

şekerlik

шакардон

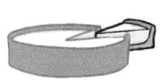

porsiyon

қисм/порча

espresso makinesi

мошини espresso

mama sandalyesi

курсии кӯдакона

fatura

ҳисоб

tepsi

зарфмонак

bıçak

корд

çatal

чангол

kaşık

қошуқ

çay kaşığı

қошуқча

servis peçetesi

сачоқи қоғазӣ

bardak

истакон

tabak

табақча

çorba kasesi

косача

fincan altlığı

тақсимча

sos

соус

tuzluk

намакдон

karabiber değirmeni

мурчдон

sirke

сирко

yağ

равғани растанӣ

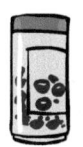 

baharat

приправа

ketçap

кетчуп

hardal

хардал

mayonez

майонез

süpermarket
супермаркет

özel teklif
пешниҳоди махсус
FOR
müşteri
мизоҷ
süt ürünleri
шир
meyve
мева
alışveriş arabası
аробача

BUTCHERS

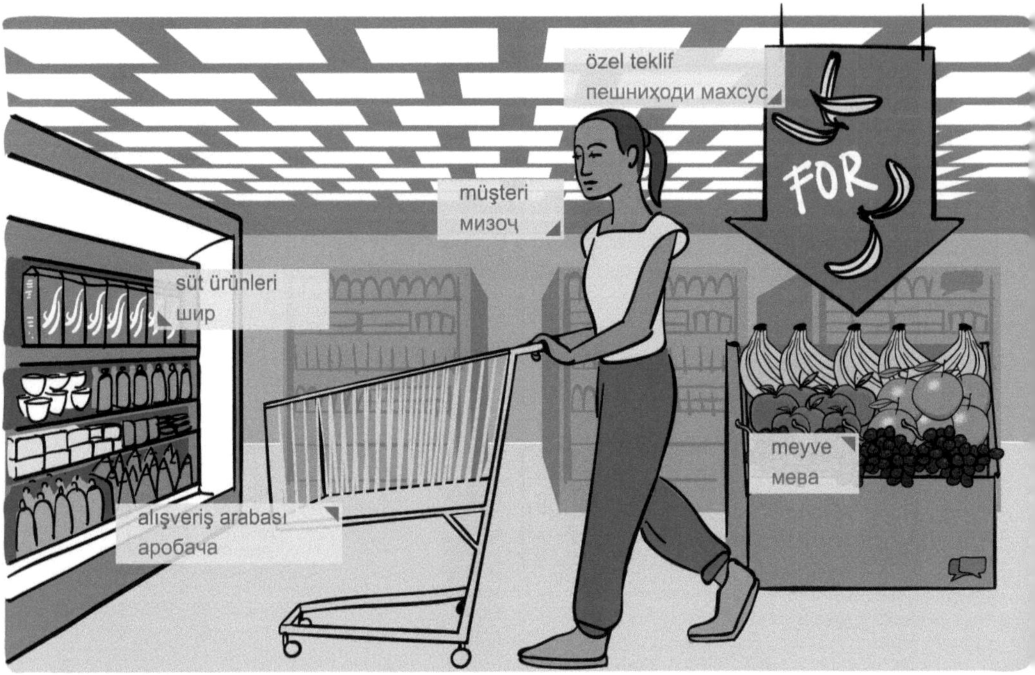

kasap

дукони гӯштфурӯшӣ

BAKERY

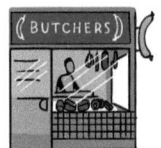

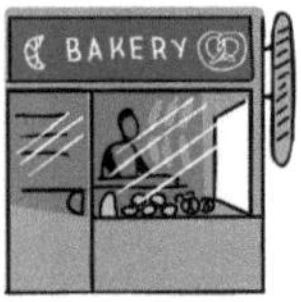

fırın

дукони нонфурӯшӣ

tartmak

баркашидан

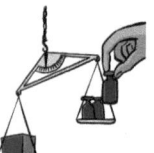

sebze

сабзавот

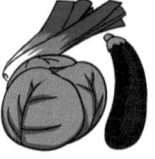

et

гӯшт

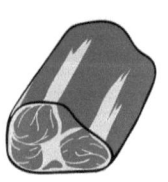

donmuş gıda

хӯроки яхбаста

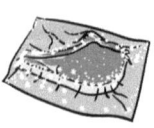

söğüş et

тилимҳои борик буридаи гушт

konserve yiyecek

озуќаворї консервонидашуда

toz deterjan

хокаи либосшўй

şekerlemeler

ширинӣ

ev temizlik ürünleri

асбоби рўзгор

temizlik ürünleri

воситаҳои тозакунанда

satış görevlisi

фурўшанда

yazar kasa

касса

kasiyer

кассир

alışveriş listesi

рўихати харидкунӣ

açılış saatleri

соат ифтитоҳи

cüzdan

ҳамён

krədi kartı

корти кредитӣ

çanta

чуздо

plastik poşet

пакет

su

об

meyve suyu

шарбат

süt

шир

kola

кола

şarap

шароб

bira

оби ҷав

alkol

машрубот

kakao

какао

çay

чой

kahve

қаҳва

espresso

эспрессо

kapuçino

каппучино

muz

банан

elma

себ

portakal

норанҷй

kavun

харбуза

limon

лимӯ

havuç

сабзй

sarımsak

сир

bambu

бамбук

soğan

пиёз

mantar

занбӯруғ

çerez

чормағз

makarna

угро

spagetti

спагеттй

pirinç

биринч

salata

салат

cips

картошкаи қоқак

patates kızartması

картошкабирён

pizza

Pizza

hamburger

гамбургер

sandviç

бутербурод

şinitzel

шнитсел

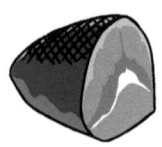

pastırma

гӯшти намакардаи хук

salam

ҳасиби салямй

sosis

ҳасиб

tavuk

мурғ

rosto

кабоб

balık

моҳй

yemek - таъом

yulaf ezmesi

ярмаи ҷав

müsli

омехтаи ғалладонагӣ

mısır gevreği

ярмаи ҷув499римакка

un

орд

kruvasan

кулчақанд

küçük ekmek

кулчақанд

ekmek

нон

tost

як порча нони бирён

bisküvi

кулчачаҳои қандин

tereyağı

маска

kaymak

творог

kek

пирог

yumurta

тухм

sahanda yumurta

тухм бирён

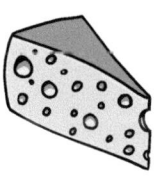

peynir

панир

dondurma

яхмос

şeker

шакар

bal

асал

reçel

мураббо

fındık ezmesi

хамираи ҳалво

köri

Curry

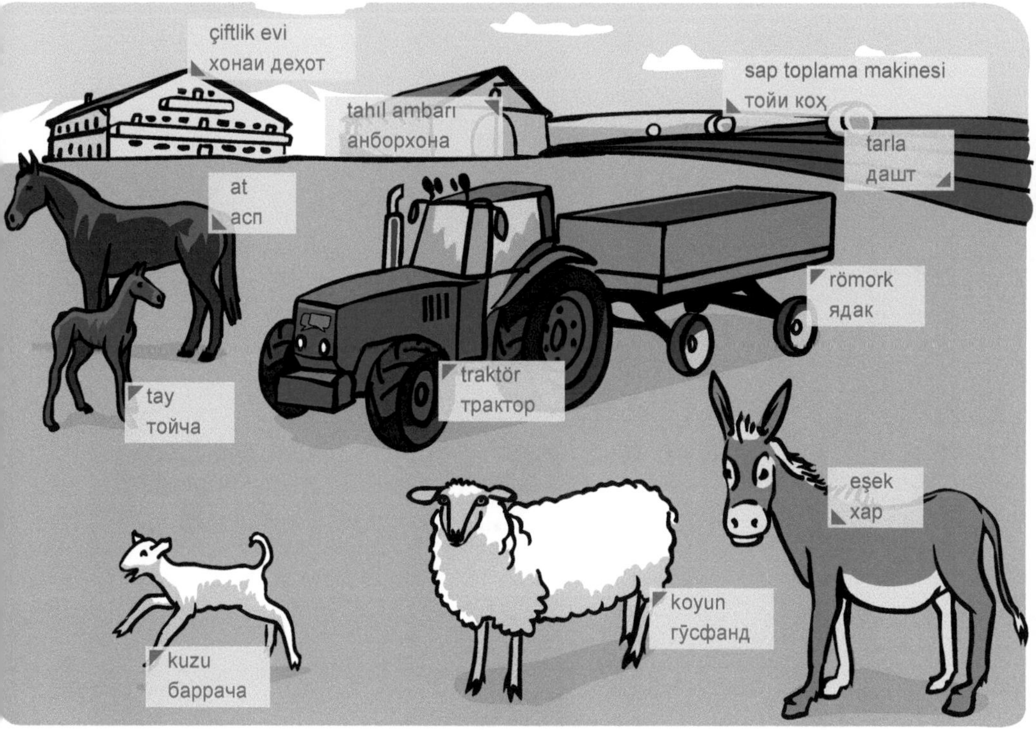

çiftlik evi
хонаи деҳот

tahıl ambarı
анборхона

sap toplama makinesi
тӯйи коҳ

tarla
дашт

at
асп

römork
ядак

tay
тойча

traktör
трактор

eşek
хар

kuzu
баррача

koyun
гӯсфанд

keçi	inek	buzağı
буз	гов	гӯсола

domuz	domuz yavrusu	boğa
хук	хукча	буққа

kaz

қоз

ördek

мурғобй

civciv

чўча

tavuk

мурғ

horoz

хурўс

sıçan

каламуш

kedi

гурба

fare

муш

öküz

барзагов

köpek

саг

köpek kulübesi

хоначаи саг

bahçe hortumu

рўдаи резинй

sulama kabı

камобй метавонад

tırpan

дос

pulluk

сипори шудгоркунии замин

orak

доси

çapa

каланд

dirgen

панҷшоха

balta

табар

el arabası

ароба

yemlik

охур

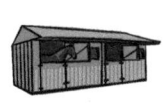

süt kovası

зарфи ширгирй

çuval

халта

çit

девор

ahır

мӯътадил

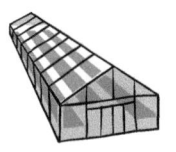

sera

гармхона

toprak

хок

tohum

тухмй

gübre

нуриҳо

biçerdöver

комбайни ғаллағундорй

hasat etmek
ҳосил

harman
ҳосил

tatlı patates
yams

buğday
гандум

soya
лубиж

patates
картошка

mısır
чуворй

kolza
донаи маъсар

meyve ağacı
дарахти мева

manyok
manioc

hububat
ғалладона

ev

хона

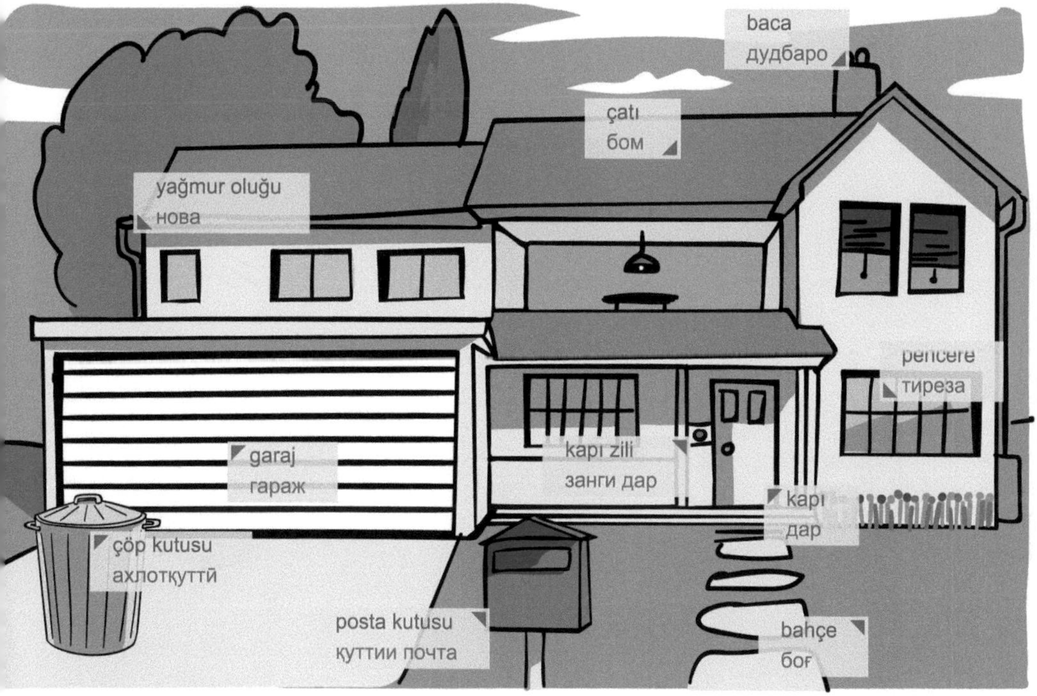
baca
дудбаро
çatı
бом
yağmur oluğu
нова
pencere
тиреза
garaj
гараж
kapı zili
занги дар
kapı
дар
çöp kutusu
ахлотқуттӣ
posta kutusu
қуттии почта
bahçe
боғ

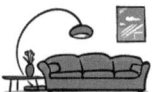

oturma odası

мехмонхона

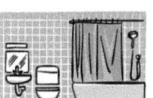

banyo

ҳамом

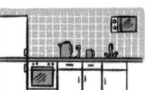

mutfak

ошхона

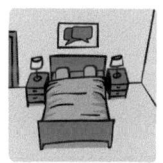

yatak odası

хонаи хоб

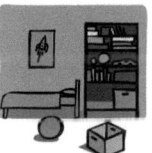

çocuk odası

ҳуҷраи кӯдакона

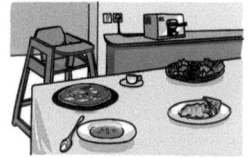

yemek odası

ошхона

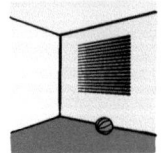

zemin

ошёна

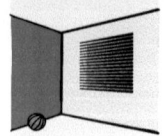

duvar

девор

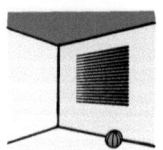

tavan

шифт

kiler

тагзаминй

sauna

сауна

balkon

балкон

teras

суфача

havuz

ҳавз

çim biçme makinesi

мошини алафдарав

çarşaf

варақ

yatak örtüsü

кампал

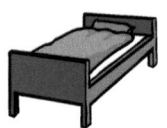

yatak

кат

süpürge

ҷорӯб

kova

сатил

anahtar

калид

oturma odası

мехмонхона

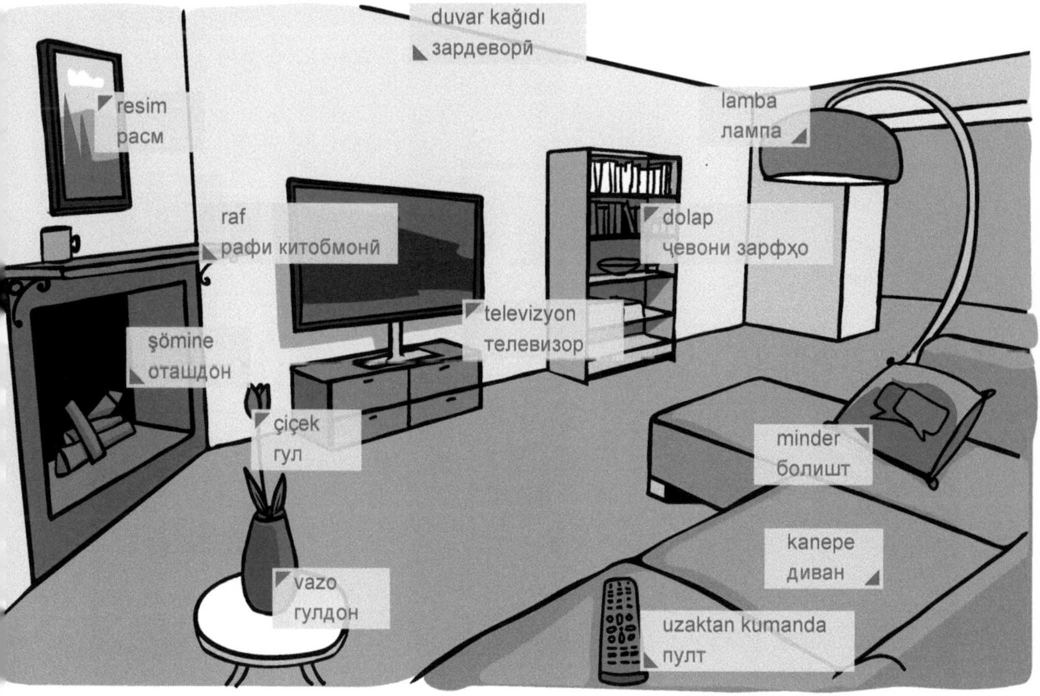
duvar kağıdı
зардеворӣ
resim
расм
lamba
лампа
raf
рафи китобмонӣ
dolap
ҷевони зарфҳо
televizyon
телевизор
şömine
оташдон
çiçek
гул
minder
болишт
kanepe
диван
vazo
гулдон
uzaktan kumanda
пулт

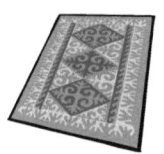

halı

қолин

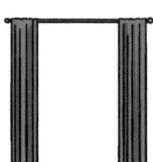

perde

парда

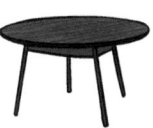

masa

мизи

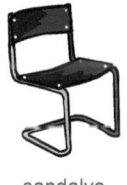

sandalye

курсӣ

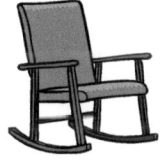

salıncaklı koltuk

rocking кафедраи

koltuk

курсӣ

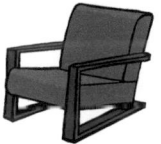

kitap

китоб

battaniye

курпа

dekor

ороиш

odun

ҳезум

film

филм

hi-fi

дастгоҳи hi-fi

anahtar

калид

gazete

рӯзнома

tablo

расм

poster

эълон

radyo

радио

defter

китобчаи қайдҳо

elektrikli süpürge

чангкашак

kaktüs

кактус

mum

шам

mutfak
ошхона

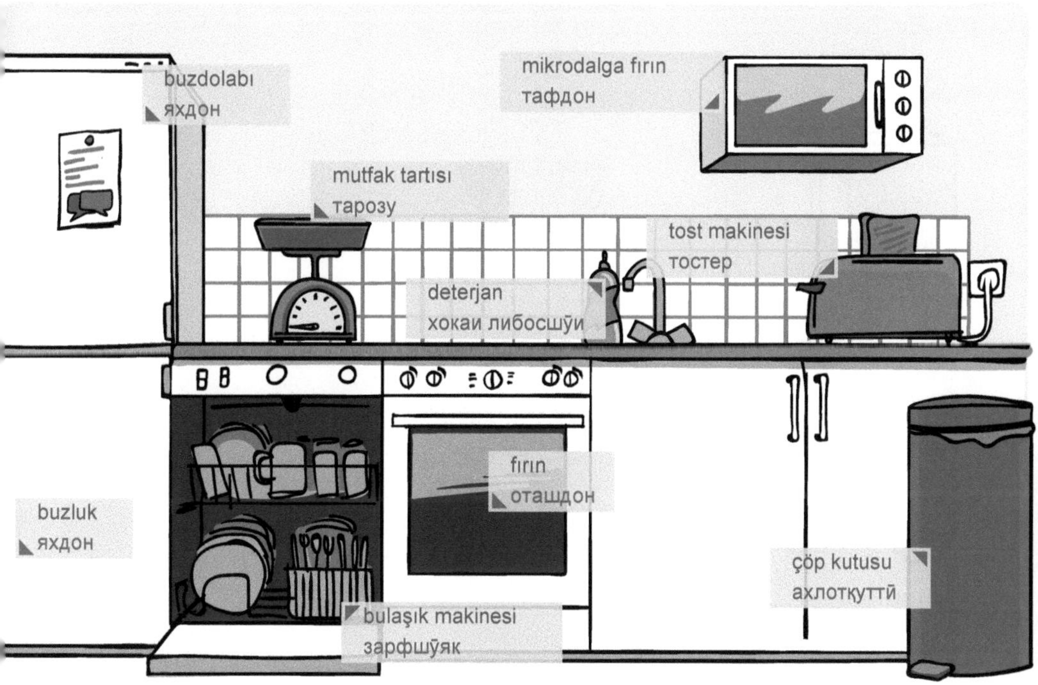
buzdolabı
яхдон
mikrodalga fırın
тафдон
mutfak tartısı
тарозу
tost makinesi
тостер
deterjan
хокаи либосшӯӣ
fırın
оташдон
buzluk
яхдон
çöp kutusu
ахлотқуттӣ
bulaşık makinesi
зарфшӯяк

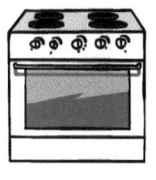

ocak
плита

tencere
тубак

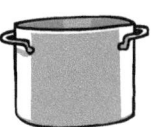

döküm tencere
дег

wok
дег / кадӣ

tava
тоба

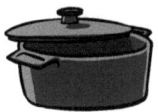

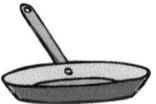

su ısıtıcı
чойник

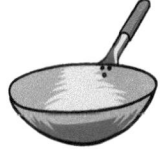

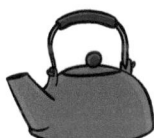

buharlı pişirici

steamer

pişirme tepsisi

лист

tabak takımı

зарф

kupa

кружка

kase

коса

çubuk (çin yemeği)

чубаки хурокхӯрй

kepçe

кафлези

spatula

кафлези ҳамвор

çırpma teli

whisk

süzgeç

strainer

elek

элак

rende

турбтарошак

havan

миномет

barbekü

Кабоб Кардан

açık ateş

оташ кушод

kesme tahtası

тахтаи резакунй

merdane

чӯба

tirbüşon

пӯккашак

konserve kutusu

банка

konserve açacağı

консервокушояк

fırın eldiveni

дастак

evye

дастшӯяк

fırça

чӯтка

sünger

исфанч

blender

блендер

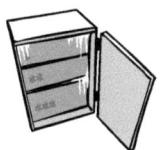

derin dondurucu

сармодон

biberon

шишача

musluk

чумак

banyo

ҳамом

ısıtma
гармидиҳӣ
havlu
сачоқ
köpük banyosu
ваннаи кафкдор
duş
душ
duş perdesi
пардаи душ
küvet
ванна
bardak
истакон
çamaşır makinesi
мошини ҷомашӯӣ
musluk
ҷумак
fayans
фарши кошинкорӣ
lazımlık
тубак
evye
дастшӯяк

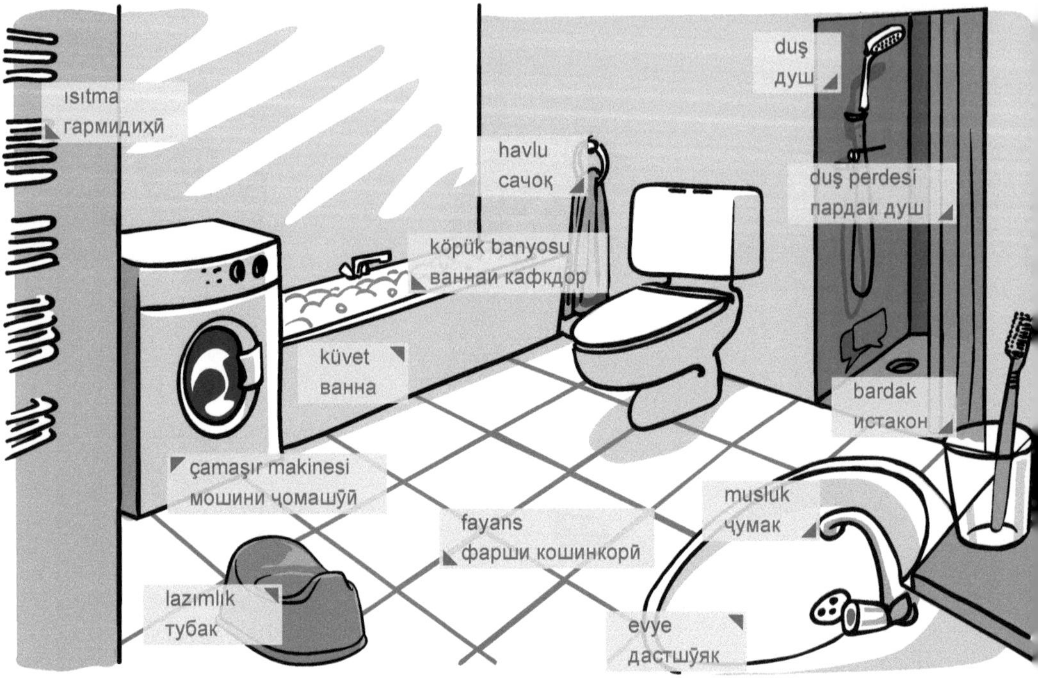

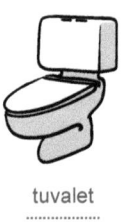

tuvalet

ҳоҷатхона

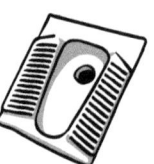

alaturka tuvalet

нишастгоҳи халоҷои рӯйфаршӣ

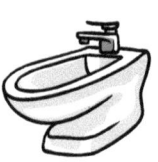

bide

биде

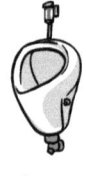

pisuvar

ҳоҷатхонаи мардона

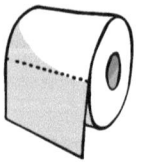

tuvalet kağıdı

коғази ташноб

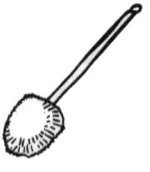

tuvalet fırçası

чӯткаи ҳоҷатхона

diş fırçası

дандоншӯяк

diş macunu

хамираи дандоншӯи

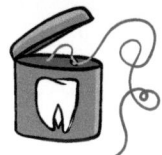

diş ipi

риштаи дандонтозакунӣ

yıkamak

шӯстан

duş başlığı

души дасти

duş başlığı şeklinde taharet musluğu

обшӯй

küvet

ҳавза

banyo fırçası

шона кардани мӯй

sabun

собун

duş jeli

гел барои душ

şampuan

шампун

banyo lifi

бумазй

gider

заҳкаш

krem

крем

deodorant

дезодорант

ayna

оина

el aynası

оинаи дастй

jilet

риштарошаки барқи

tıraş köpüğü

кафк барои риштарошй

tıraş losyonu

оби мушкини баъди риштарошй

tarak

шона

fırça

чӯтка

saç kurutma makinesi

мӯйхушкунак

saç spreyi

лак барои мӯй

makyaj

косметика

ruj

лабсурхкунак

tırnak cilası

лок барои нохун

pamuk

пахта

tırnak makası

қайчии нохунгирй

parfüm

атриёт

makyaj çantası

ҷузвдони косметики

tabure

қазои ҳоҷат

tartı

тарозу

bornoz

хилъат

lastik eldiven

дастпӯшак резина

tampon

тампон

kadın pedi

дастмоли санитарӣ

kimyevi tuvalet

био-ҳоҷатхона

çocuk odası

ҳуҷраи кӯдакона

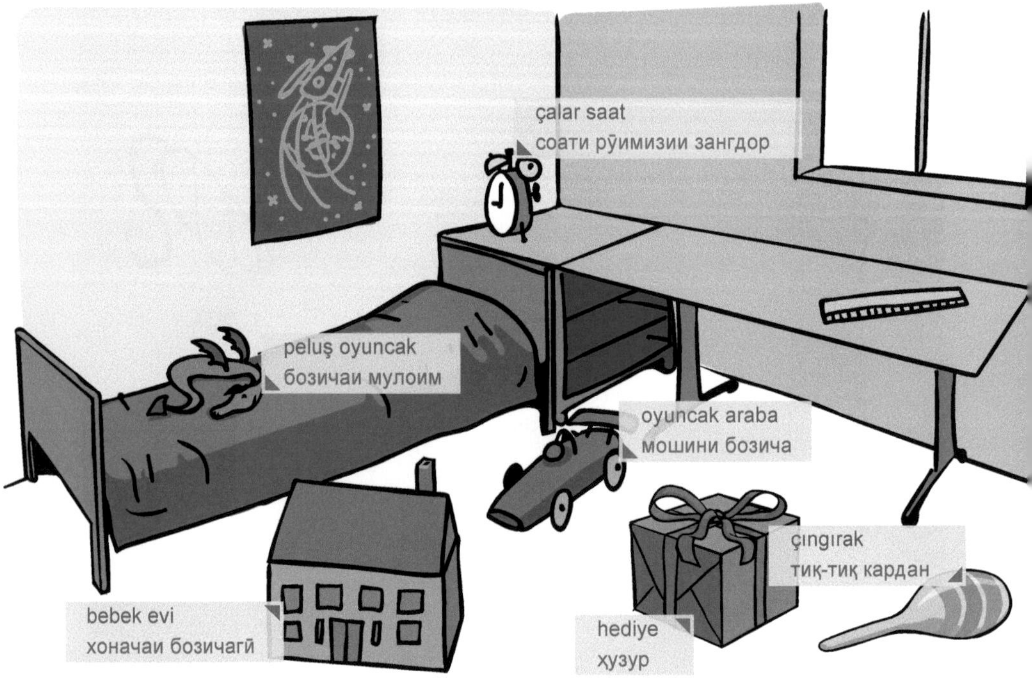

çalar saat
соати рӯимизии зангдор
peluş oyuncak
бозичаи мулоим
oyuncak araba
мошини бозича
çıngırak
тиқ-тиқ кардан
bebek evi
хоначаи бозичагӣ
hediye
ҳузур

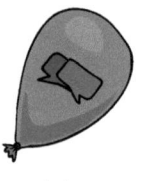

balon

пуфак

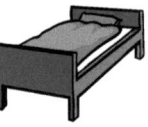

yatak

кат

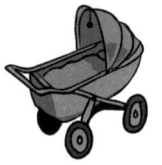

bebek arabası

аробочаи кудакона

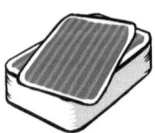

kart destesi

маҷмӯи кортҳо

yapboz

бозии муамоёбӣ

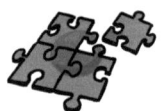

çizgi roman

комикс

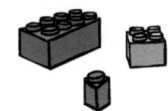

lego tuğlaları

хиштхои лего

lego blokları

мағозаи бозичафурӯхтан

aksiyon figürü

рақам амал

zıbın

либоси ғаваккашӣ

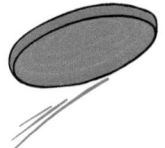

frizbi

фрисби

dönence

мобилӣ

masa oyunu

лавҳачаи бозӣ

zar

кубик

model tren seti

маҷмӯи модели қатора

emzik

пистонак

parti

ҳизб

resimli kitap

китоби расм

top

тӯб

oyuncak bebek

лӯхтак

oynamak

бози кардан

kum havuzu

қуттии рег

salıncak

арғунчак

oyuncaklar

бозича

video oyun konsolu

консоли бозиҳои видеой

üç tekerlekli bisiklet

велосипеди сечарха

oyuncak ayı

хирсаки бахмалии патдор

gardırop

чевон

kıyafet

либос

çorap

чуроб

külotlu çorap

чуроби соқбаланд

tayt

колготки

eşarp
гарданпеч

şemsiye
чатр

kemer
тасма

tişört
футболка

spor ayakkabı
кроссовки

bot
пойафзол

terlik
шиппак

sandalet	ayakkabı	lastik çizme
босоножкй	пойафзол	музаи резинй

külot	sütyen	yelek
турсй	синабанд	майка

kıyafet - либос

45

dar bluz

бадан

pantolon

шим

kot pantolon

чинс

etek

юбка

bluz

куртаи нимтаи занона

gömlek

курта

kazak

свитер

süveter

свитер

blazer

пичак

ceket

нимтана

mont

палто

yağmurluk

плаш

kostüm

костюм

elbise

куртаи занона

gelinlik

либос тӯйи

takım elbise

костюм

gecelik

куртаи хоб

pijama

пижама

sari

Сари

baş örtüsü

рӯймол

türban

салла

burka

ниқобу

kaftan

кафтан

çarşaf

абая

mayo

либоси обозӣ

erkek mayosu

эзорчаи шиноварии мардона

şort

шорти

eşofman

либоси варзишӣ

önlük

пешбанд

eldiven

дастпӯшак

düğme
тугма

gözlük
айнак

bilezik
дастпона

kolye
гарданбанд

yüzük
ангуштарин

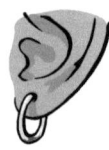

küpe
гӯшвора

kep
кулоҳ

portmanto
либосовезак

şapka
кулоҳ

kravat
галстук

fermuar
занҷирак

kask
тоскулоҳ

pantolon askısı
шимбардор

okul forması
либоси мактабӣ

üniforma
либоси

mama önlüğü
....
пешгир

emzik
....
пистонак

bebek bezi
....
подгузник

ofis

идора

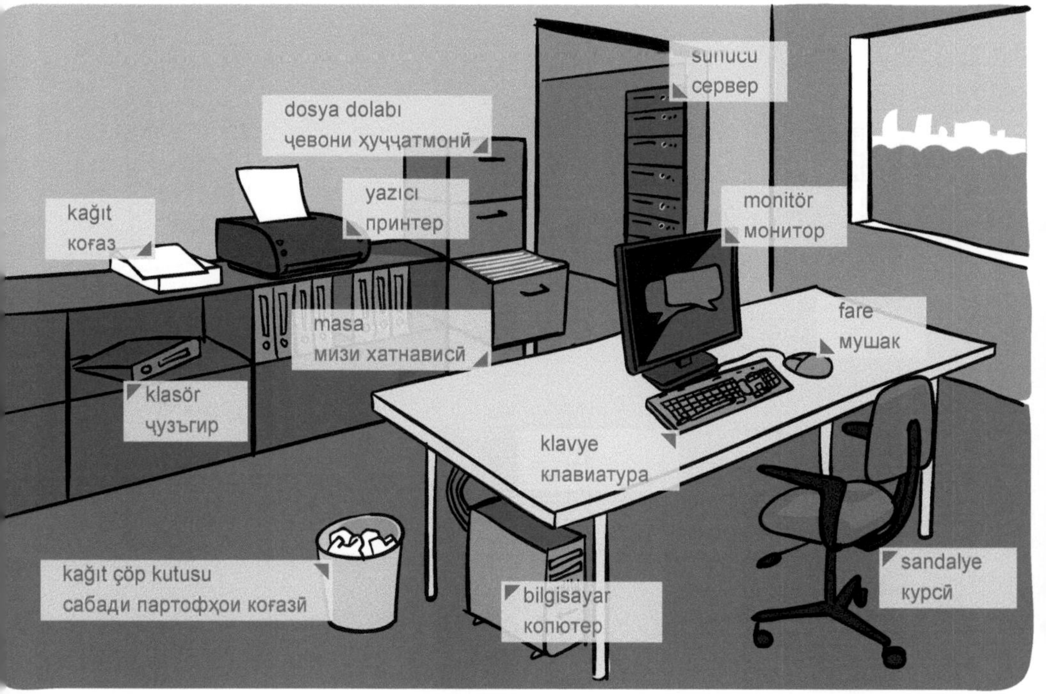

sunucu
сервер

dosya dolabı
чевони хуҷҷатмонӣ

yazıcı
принтер

monitör
монитор

kağıt
коғаз

masa
мизи хатнависӣ

fare
мушак

klasör
ҷузъгир

klavye
клавиатура

kağıt çöp kutusu
сабади партофхои коғазӣ

bilgisayar
копютер

sandalye
курсӣ

kahve fincanı
....
кружкаи қаҳванӯшӣ

hesap makinesi
....
калкулятор

internet
....
интернет

dizüstü

ноутбук

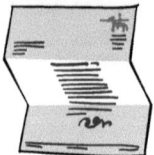

mektup

мактуб

mesaj

хабар

cep telefonu

телефони мобилӣ

ağ

шабака

fotokopi makinesi

нусхабардор

yazılım

нармафзор

telefon

телефон

priz

розетка

faks makinesi

факс

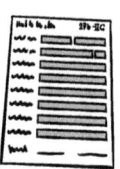

form

шакл

belge

хуччат

satın almak

харидан

ödemek

пардохт

ticaret yapmak

савдо

para

пул

dolar

доллар

avro

евро

yen

йен

ruble

рубл

İsviçre frangı

франки швейцариягӣ

Çin yuanı

юан

rupi

рупй

kasa

нуқтаи нақд

döviz bürosu

нуқтаи мубодилаи асъор

altın

тилло

gümüş

нуқра

petrol

равғани растанӣ

enerji

энерги

fiyat

нарх

kontrat

шартнома

vergi

андоз

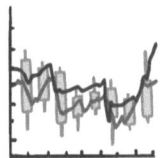

menkul değer

саҳмия

çalışmak

кор

işveren

хизматчӣ

işçi

соҳибкор

fabrika

завод

mağaza

сехи

meslekler
касбҳо

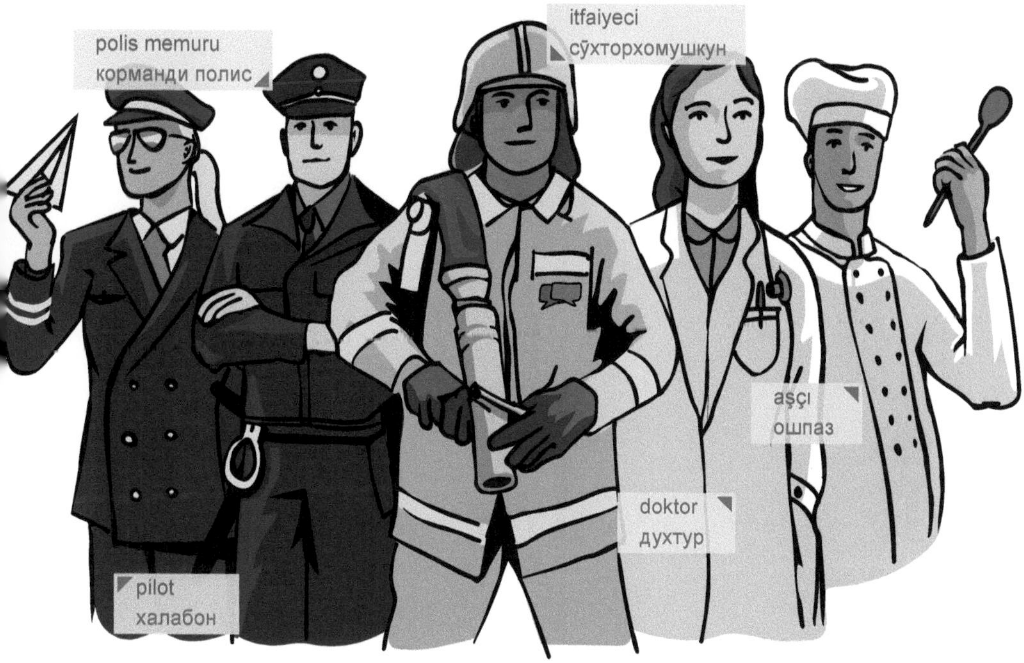
polis memuru
корманди полис
itfaiyeci
сӯхторхомушкун
aşçı
ошпаз
doktor
духтур
pilot
халабон

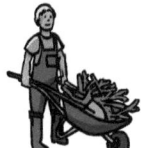

bahçıvan

боғбон

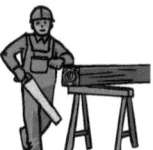

marangoz

чӯбтарош

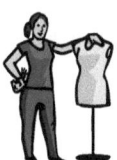

terzi

дӯзанда

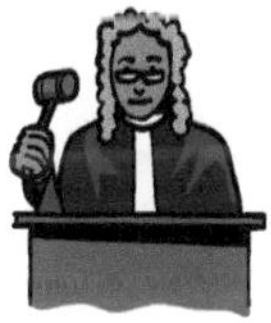

hakim

судя

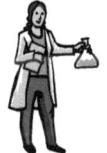

kimyager

кимиёшинос

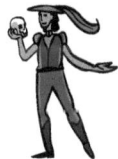

aktör

актер

otobüs şoförü

ронандаи автобус

taksi şoförü

таксист

balıkçı

моҳигир

temizlikçi

фаррошзан

çatı ustası

устои бомпӯш

garson

пешхизмат

avcı

шикорчӣ

boyacı

рассом

fırıncı

нонвой

elektrikçi

барқ

inşaatçı

сохтмончӣ

mühendis

инженер

kasap

қассоб

muslukçu

устои шабакаи об

postacı

хаткашон

asker

сарбоз

mimar

меъмор

kasiyer

кассир

çiçekçi

гулфурӯш

kuaför

сартарош

kondüktör

кондуктор

tamirci

механик

kaptan

капатан

dişçi

духтури дандон

bilim insanı

олим

haham

хохом

imam

имом

keşiş

шайх

rahip

саркоҳин

aletler
асбобҳо

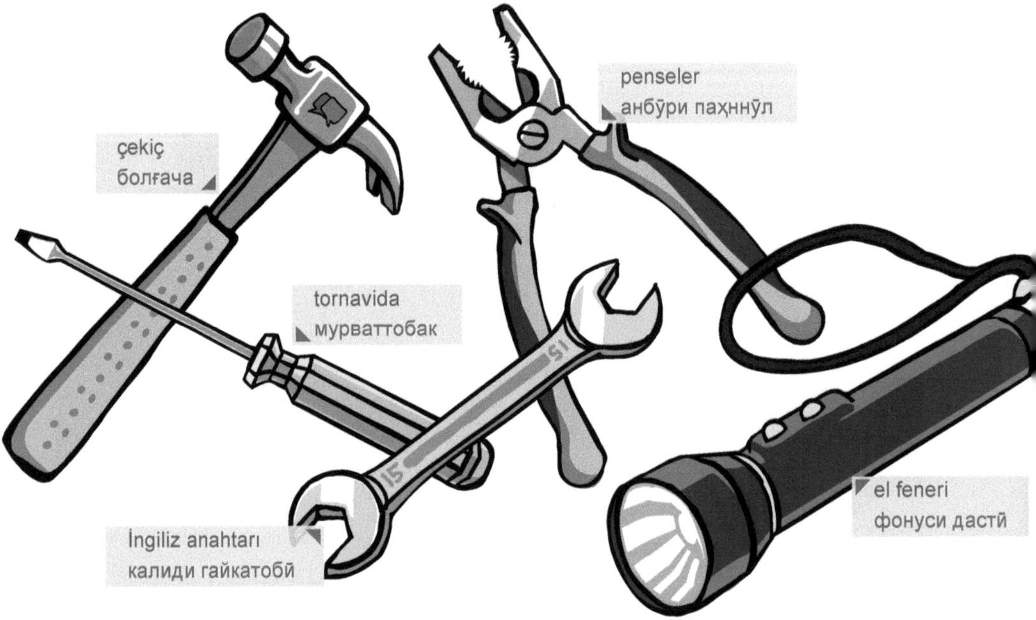
penseler
анбӯри паҳннӯл
çekiç
болғача
tornavida
мурваттобак
İngiliz anahtarı
калиди гайкатобӣ
el feneri
фонуси дастӣ

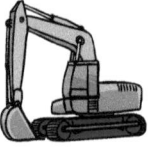

kazı makinesi

экскаватор

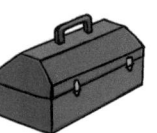

alet çantası

қутии асбобҳо

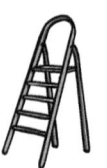

merdiven

зинапоя

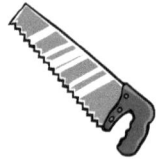

testere

арра

çiviler

мехҳо

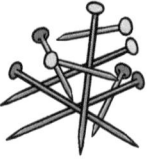

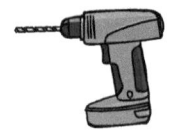

matkap

пармаи электрикӣ

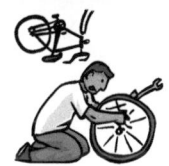

tamir etmek

таъмир

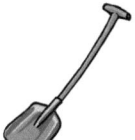

kürek

бел

Kahretsin!

Сабил монад!

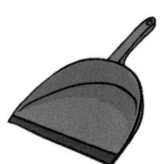

faraş

белчаи хокрӯбагирӣ

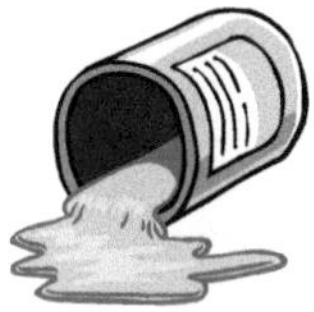

boya tenekesi

сатили ранг

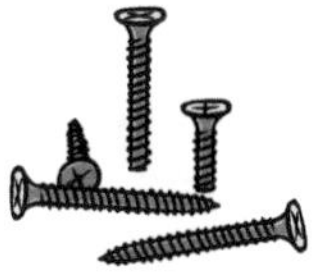

vidalar

мехи печдор

müzik enstrümanı

асбобҳои мусиқӣ

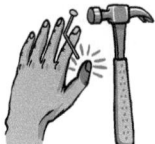

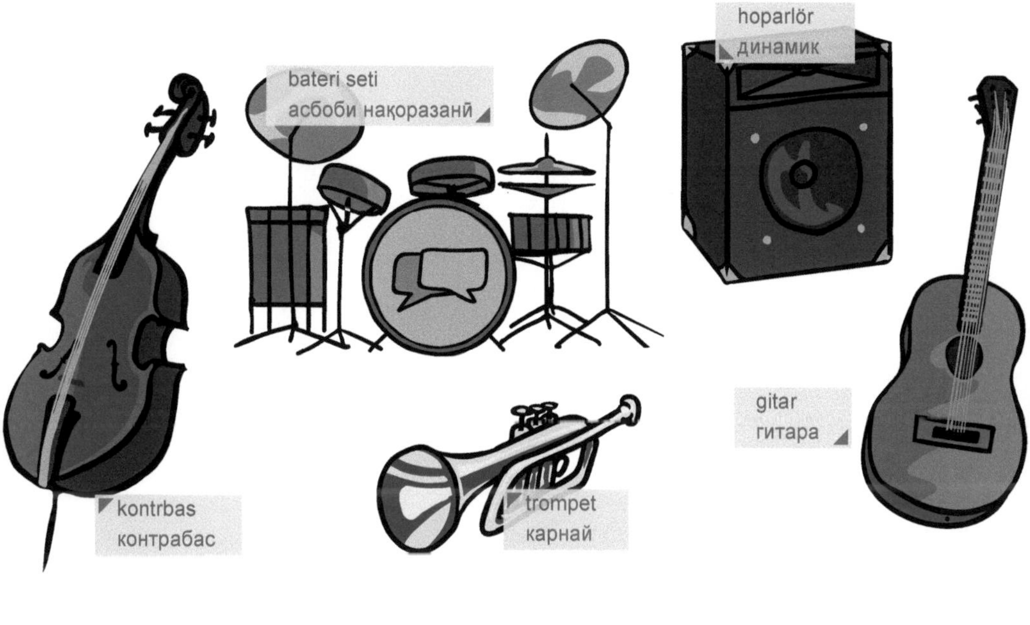
hoparlör
динамик
bateri seti
асбоби нақоразанӣ
gitar
гитара
kontrbas
контрабас
trompet
карнай

piyano

пианино

keman

ғиччак

basgitar

бас-гитара

timpani

нақораи поядор

bateri

нақора

klavye

клавиатура

saksafon

саксофон

flüt

най

mikrofon

баландгӯяд

hayvanat bahçesi
боғи ҳайвонот

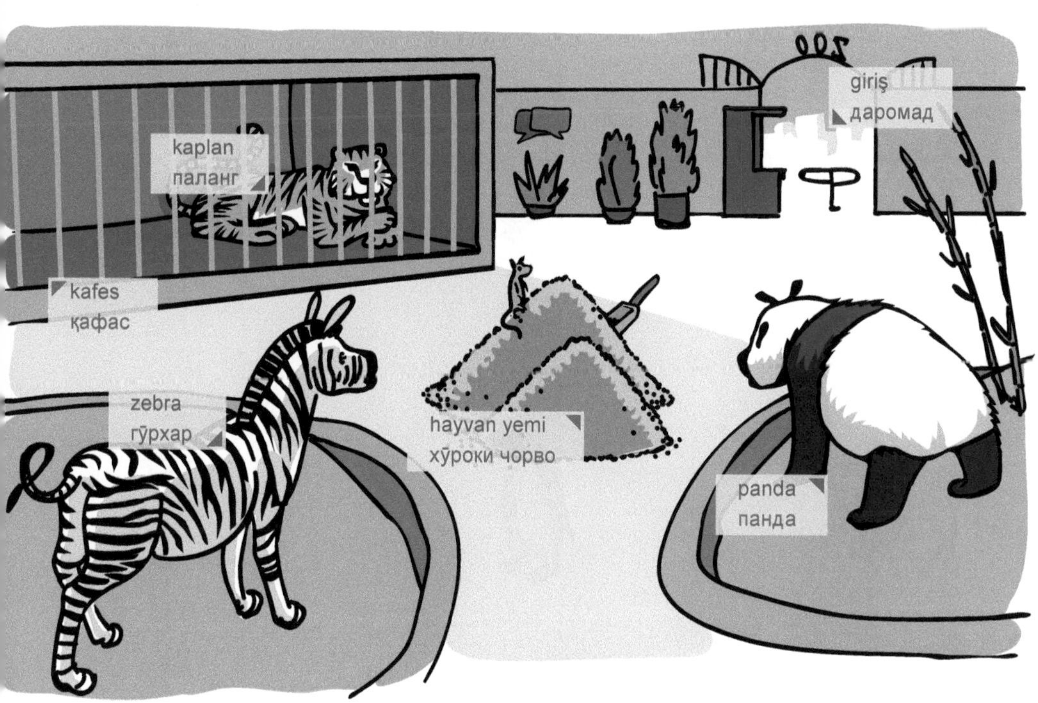

kaplan
паланг
giriş
даромад
kafes
қафас
zebra
гӯрхар
hayvan yemi
хӯроки чорво
panda
панда

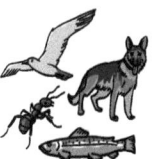

hayvanlar

ҳайвонот

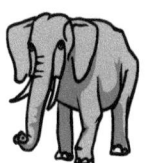

fil

фил

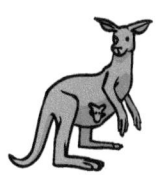

kanguru

кенгуру

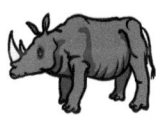

gergedan

каркадан

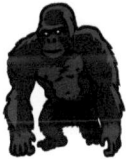

goril

горилла

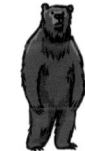

ayı

хирси бӯр

deve

шутур

deve kuşu

шутурмурғ

aslan

шер

maymun

маймун

flamingo

бутимор

papağan

тӯти

kutup ayısı

хирси сафед

penguen

пингвин

köpek balığı

наҳанг

tavus kuşu

товус

yılan

мор

timsah

тимсоҳ

hayvanat bahçesi görevlisi

посбон

fok

сил

jaguar

ягуар

midilli atı

аспи кӯтоҳқад

leopar

леопард

su aygırı

баҳмут

zürafa

заррофа

kartal

уқоб

yaban domuzu

хуки ваҳшӣ

balık

моҳӣ

kaplumbağa

сангпушт

mors

морж

tilki

рӯбоҳ

ceylan

ғизол/оҳу

amerikan futbolu
футболи амрикои

bisiklete binme
велосипедронӣ

tenis
теннис

basketbol
баскетбол

yüzme
шиноварӣ

boks
бокс

buz hokeyi
хоккей

futbol
футбол

badminton
бадмингтон

atletizm
атлетика

hentbol
гандбол

kayak
лижаронӣ

polo
тӯббозӣ бо асп

gülmek
ханда

atlamak
паридан

sarılmak
оғӯш гирифтан

yürümek
пиёда рафтан

söylemek
шеър хондан

hayal etmek
орзӯ кардан

dua etmek
ибодат кардан

öpmek
бӯса кардан

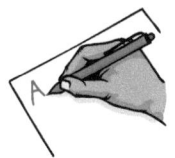

yazmak

навиштан

çizmek

кашидан

göstermek

нишон додан

itmek

тела додан

vermek

додан

almak

гирифтан

sahip olmak

доранд

yapmak

кор

olmak

бошад

ayakta durmak

истодан

koşmak

давидан

çekmek

кашидан

atmak

партофтан

düşmek

афтидан

yalan söylemek

дароз кашидан

beklemek

интизор шудан

taşımak

бардошта бурдан

oturmak

нишастан

giyinmek

либос пӯшидан

uyumak

хобин

uyanmak

бедор шудан

bakmak

нигоҳ кардан

ağlamak

гиря кардан

vurmak

сила кардан

taramak

шона

konuşmak

ғап задан

anlamak

фаҳмидан

sormak

пурсидан

dinlemek

гӯш кардан

içmek

нӯштдан

yemek

хӯрдан

düzenlemek

ғундоштан

sevmek

ишқ

pişirmek

ошпаз

sürmek

рондан

uçmak

парвоз кардан

denize açılmak

бо бодбон ҳаракат кардан

hesapla

ҳисоб кардан

okumak

хондан

öğrenmek

омӯхтан

çalışmak

кор

evlenmek

оиладор шудан

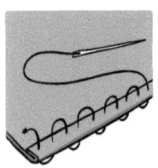

dikmek

дӯхтан

diş fırçalamak

дадон шӯстан

öldürmek

куштан

sigara içmek

дуд

yollamak

фиристодан

büyükanne
биби

büyükbaba
бобо

baba
падар

anne
модар

bebek
кӯдак

kız
хоҳар

oğul
писар

misafir
меҳмон

teyze
хола

amca
амак

erkek kardeş
бародар

kız kardeş
хоҳар

vücut
бадан

alın
пешонӣ
göz
чашм
omuz
китф
parmak
ангушт
yüz
рӯй
çene
манаҳ
el
панҷаи даст
bacak
пой
göğüs
қафаси сина
kol
даст

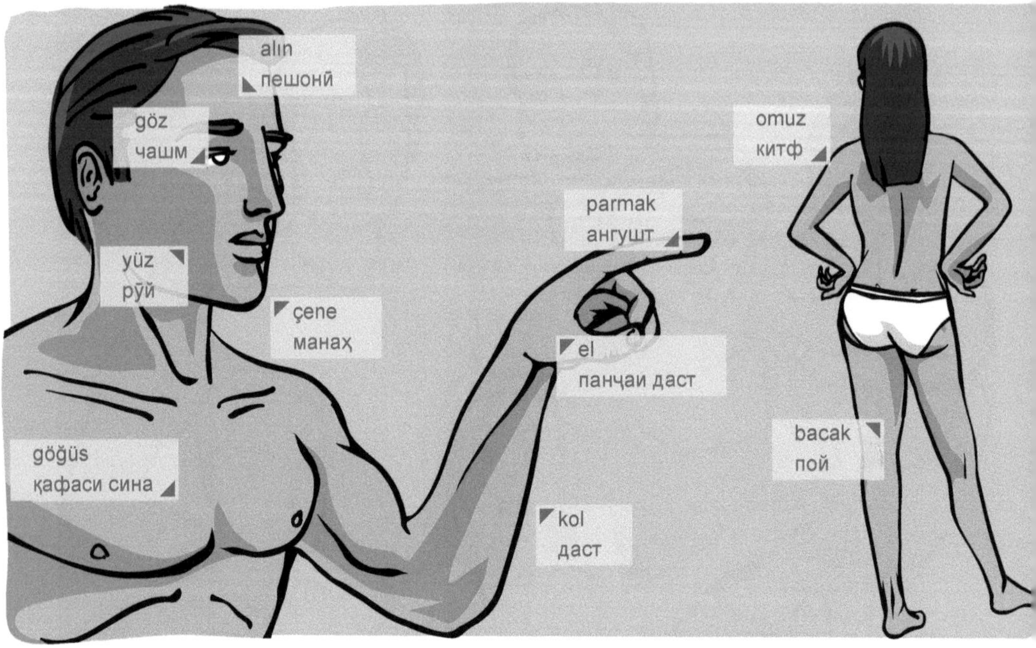

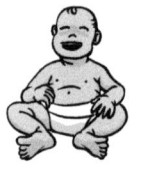

bebek

кӯдак

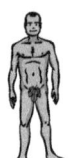

adam

мард

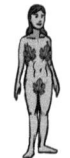

kadın

зан

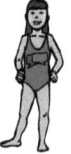

kız

духтар

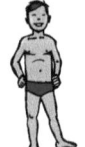

erkek çocuk

писар

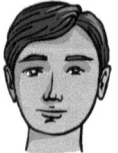

baş

сар

sırt

пушт

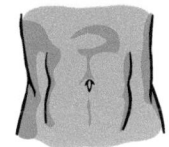

karın

шикам

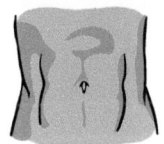

göbek

ноф

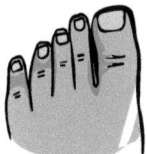

ayak parmağı

ангушти пой

topuk

пошнаи пои

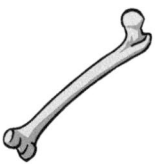

kemik

устухон

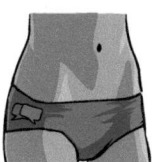

kalça

рон

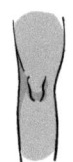

diz

зону

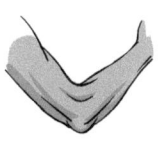

dirsek

оринҷ

burun

бинй

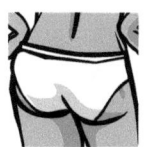

kalça

таг

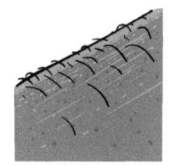

deri

пӯст

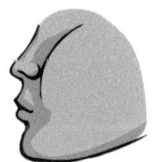

yanak

рухсора

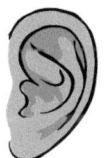

kulak

гӯш

dudak

лаб

vücut - бадан

69

ağız

дахон

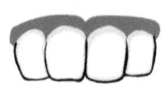

diş

дадон

dil

забон

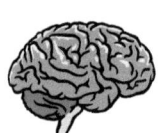

beyin

майнаи сар

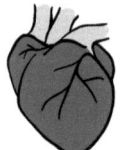

kalp

дил

kas

мушак

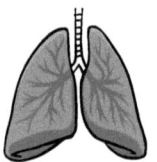

akciğer

шуш

karaciğer

ҷигар

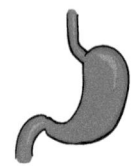

mide

меъда

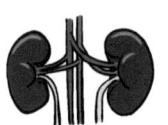

böbrekler

гурдахо

seks

алоқаи ҷинсӣ

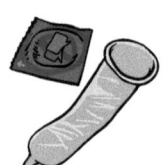

prezervatif

рифола

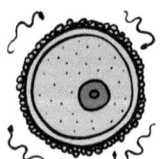

yumurtalık

тухмхуҷайра

sperm

нутфа

hamilelik

хомиладорӣ

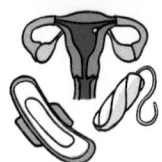

regl
....
ҳайз

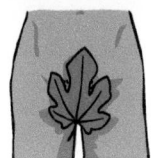

vajina
....
маҳбал

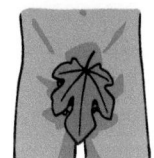

penis
....
кер

kaş
....
абрӯ

saç
....
мӯй

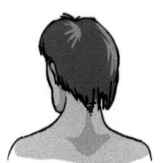

boyun
....
гардан

vücut - бадан   71

hastane
бемористон

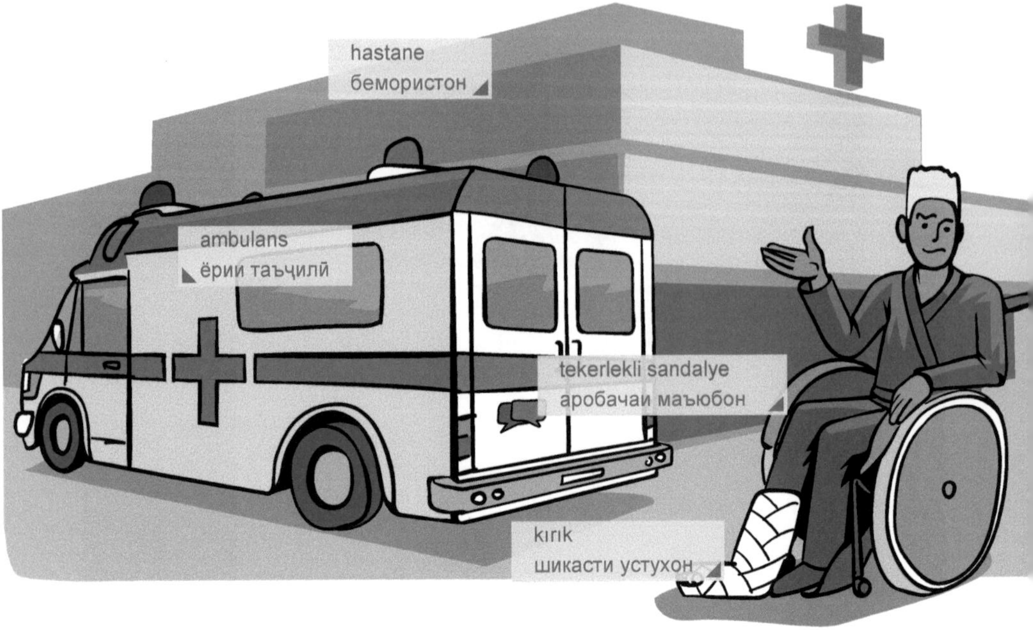

hastane
бемористон
ambulans
ёрии таъҷилӣ
tekerlekli sandalye
аробачаи маъюбон
kırık
шикасти устухон

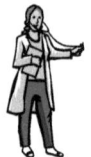

doktor

духтур

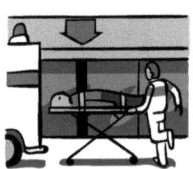

acil servis

ҳуҷраи ёрии фаврӣ

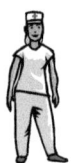

hemşire

ҳамшираи тиббӣ

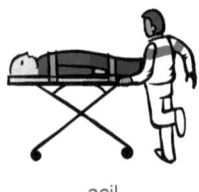

acil

ҳолати фавқулодда

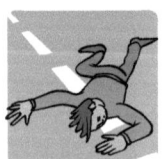

baygın

беҳуш

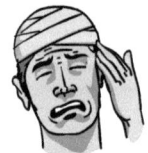

acı

дард

yaralanma

чароҳат

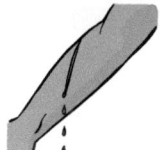

kanama

хунравй

kalp krizi

дилзанак

felç

сактаи майна

alerji

аллергия

öksürük

сулфа

ateş

табларза

grip

грипп

ishal

шикамравй

baş ağrısı

сардард

kanser

саратон

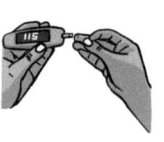

şeker hastalığı

диабет

cerrah

ҷарроҳ

neşter

скалпел

operasyon

ҷарроҳӣ

hastane - бемористон   73

bilgisayarlı tomografi

Томографияи компютерй

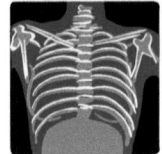

röntgen

шӯъои ренгенй

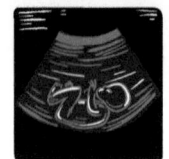

ultrason

ултрасадо

yüz maskesi

ниқоби рӯй

hastalık

беморй

bekleme odası

ҳуҷраи интизорй

koltuk değneği

асобағал

yara bandı

марҳам

bandaj

дока

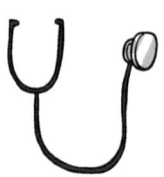

enjeksiyon

сӯзандору

steteskop

стетоскоп

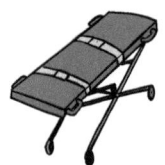

sedye

занбар

tıbbi termometre

ҳароратсанҷ

doğum

таваллуд

fazla kilo

вазни зиёдатй

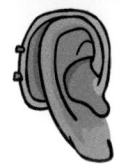

işitme cihazı

тачхизоти шунавой

dezenfektan

моддаи безараргардонй

enfeksiyon

инфекция

virüs

вирус

HIV / AIDS

ВИЧ / СПИД

ilaç

дору

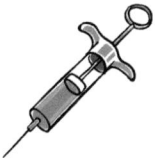

aşı

ваксинатсия

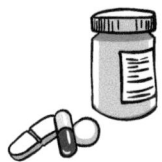

tablet

хабхо

hap

хаб

acil çağrı

занги изтирорй

tansiyon aleti

монитори фишори хун

hasta / sağlıklı

бемор/солим

İmdat!

Кумак!

alarm

хушдор

darp

ҳучум

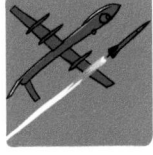

saldırı

ҳамла

tehlike

хатар

acil çıkış

баромадгоҳи таҳлиявӣ

Yangın!

Сӯхтор!

yangın tüpü

оташнишон

kaza

садама

ilk yardım çantası

дорукуттӣ

imdat

бонги хатар

polis

полис

Avrupa

Аврупо

Kuzey Amerika

Америкаи Шимолй

Güney amerika

Америкаи Ҷанубй

Afrika

Африка

Asya

Осиё

Avustralya

Австралия

Atlantik

Уқёнуси Атлантик

Pasifik

Уқёнуси Ором

Hint Okyanusu

Уқёнуси Ҳинд

Antarktika Okyanuεu

Уқёнуси Антарктика

Arktik Okyanusu

Уқёнуси Арктика

Kuzey Kutbu

Қутби шимол

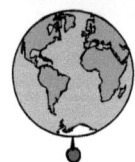

Güney Kutbu

Қутби ҷануб

Antarktika

Антарктика

dünya

замин

kara

замин

deniz

баҳр

ada

ҷазира

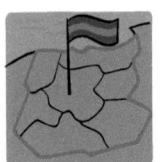

ulus

миллат

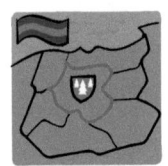

ülke

давлат

kadran

сиферблат

akrep

ақрабаки соат

yelkovan

ақрабаки дақиқашумор

saniye ibresi

ақрабаки сонияшумор

Saat kaç?

Соат чанд?

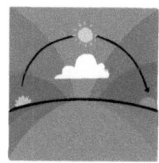

gün

рӯз

zaman

замон

şimdi

ҳозир

dijital saat

соати электронй

dakika

лаҳза

saat

соат

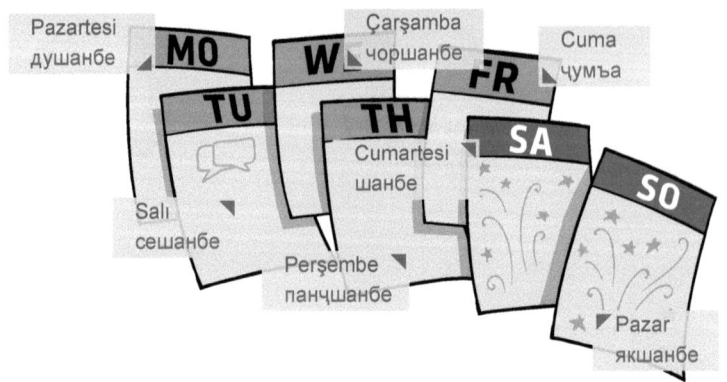

Pazartesi
душанбе

Çarşamba
чоршанбе

Cuma
ҷумъа

TU

TH

SA

SO

Salı
сешанбе

Cumartesi
шанбе

Perşembe
панҷшанбе

Pazar
якшанбе

dün

дирӯз

bugün

имрӯз

yarın

фардо

sabah

пагоҳирӯзӣ

öğle

нимрӯз

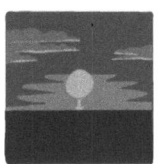

akşam

шом

MO	TU	WE	TH	FR	SA	SU
1	2	3	4	5	6	7
8	9	10	11	12	13	14
15	16	17	18	19	20	21
22	23	24	25	26	27	28
29	30	31	1	2	3	4

iş günleri

рӯзҳои корӣ

MO	TU	WE	TH	FR	SA	SU
1	2	3	4	5	6	7
8	9	10	11	12	13	14
15	16	17	18	19	20	21
22	23	24	25	26	27	28
29	30	31	1	2	3	4

hafta sonu

истироҳат

yıl
сол

yağmur
борон
gökkuşağı
рангинкамон
rüzgar
шамол
kara
барф
bahar
баҳор
sonbahar
тирамоҳ
yaz
тобистон
kış
зимистон

4.APRIL 11°
5.APRIL 4°
6.APRIL 13°
7.APRIL 8°
8.APRIL 10°

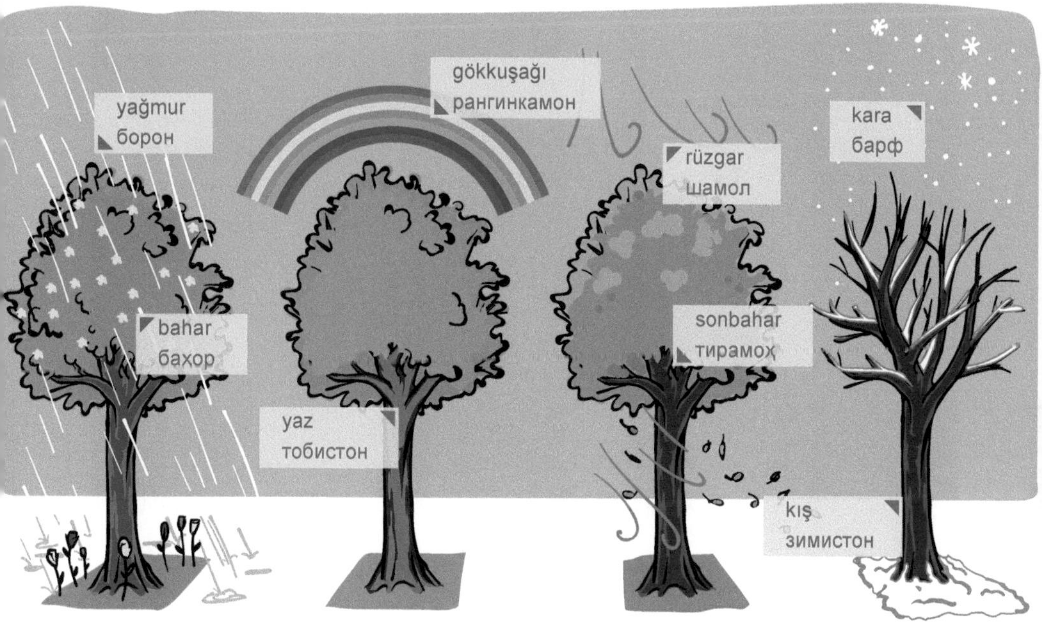

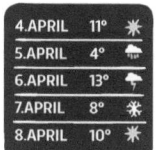

hava durumu tahmini

Обу ҳаво

F C
120 40
90 30
60 20
30 10
0 0
-30 -10
-20

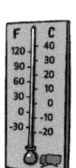

termometre

ҳароратсанҷ

güneş ışığı

равшании офтоб

bulut

абр

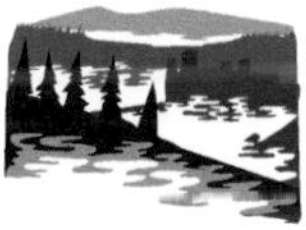

sis

туман

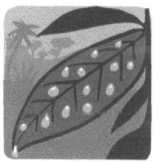

nem

намнок

şimşek

барқ

gök gürültüsü

тундар

fırtına

тӯфон

dolu

жола

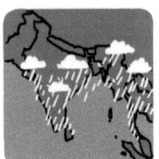

muson

муссон

sel

обхезй

buz

ях

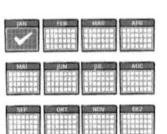

Ocak

январ

Şubat

феврал

Mart

март

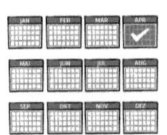

Nisan

апрел

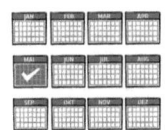

Mayıs

май

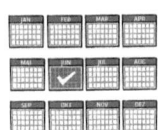

Haziran

июн

Temmuz

июл

Ağustos

август

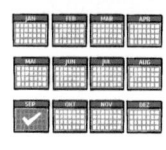

Eylül

сентябр

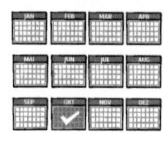

Ekim

октябр

Kasım

ноябр

Aralık

декабр

daire

давра

kare

мураббаъ

dikdörtgen

росткунья

üçgen

секунья

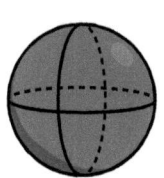

küre

соњаи

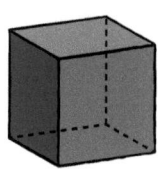

küp

мукааб

beyaz

гулобӣ

sarı

хокистаранг

turuncu

зард

pembe

бунафшранг

kırmızı

сурх

mor

қаҳваранг

mavi

кабуд

yeşil

сиёҳ

kahverengi

кабуд

gri

сафед

siyah

сабз

çok / az

бисёр/кам

kızgın / sakin

хашмгин / ором

güzel / çirkin

зебо/безеб

başlangıç / son

оғози / охири

büyük / küçük

калон/хурд

parlak / karanlık

дурахшон / торик

erkek kardeş / kız kardeş

бародари / хоҳар

temiz / kirli

тоза/чиркин

tamam / eksik

пурра / нопурра

gün / gece

рӯзи / шаб

ölü / canlı

мурдагон / зинда

geniş / dar

кушод/танг

yenilebilir / yenilemez

хӯрданӣ / хӯрданашаванда

kötü / iyi

бад/нек

heyecanlı / sıkılmış

ба ҳаяҷон / дилгир

şişman / zayıf

ғавс/борик

ilk / son

якум/охирин

dost / düşman

Дӯсти / душмани

dolu / boş

пур/холӣ

sert / yumuşak

сахт/мулоим

ağır / hafif

вазнин/сабук

açlık / susuzluk

гуруснагӣ / ташнагӣ

hasta / sağlıklı

бемор/солим

yasa dışı / yasal

ғайриқонунӣ / ҳуқуқӣ

zeki / aptal

соҳибақл / беақл

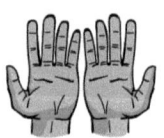

sol / sağ

рост/чап

yakın / uzak

наздик/дур

yeni / kullanılmış

нави / истифода бурда мешавад

hiçbir şey / bir şey

ҳеч / чизе

yaşlı / genç

пир/ҷавон

açma / kapama

оид / хомӯш

açık / kapalı

кушода/пӯшида

sessiz / gürültülü

паст/баланд

zengin / fakir

бой/камбағал

doğru / yanlış

дуруст/нодуруст

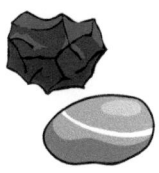

pürüzlü / düz

дурушт/ҳамвор

üzgün / mutlu

ғамгин/хушбахт

kısa / uzun

кӯтоҳ/дароз

yavaş / hızlı

оҳиста/тез

ıslak / kuru

тар/хушк

sıcak / serin

гарм / сард

savaş / barış

ҷанг / сулҳ

0

sıfır

нол

1

bir

як

2

iki

ду

3

üç

се

4

dört

чор

5

beş

панҷ

6

altı

шаш

7

yedi

ҳафт

8

sekiz

ҳашт

9

dokuz

нӯҳ

10

on

даҳ

11

on bir

ёздаҳ

12
on iki

дувоздаҳ

13
on üç

сенздаҳ

14
on dört

чордаҳ

15
on beş

понздаҳ

16
on altı

шонздаҳ

17
on yedi

ҳабдаҳ

18
on sekiz

ҳаждаҳ

19
on dokuz

нуздаҳ

20
yirmi

бист

100
yüz

сад

1.000
bin

ҳазор

1.000.000
milyon

миллион

İngilizce

англисӣ

Amerikan İngilizcesi

англисии амрикой

Çince (Mandarin)

мандарини хитой

Hintçe

ҳиндӣ

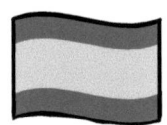

İspanyolca

испанӣ

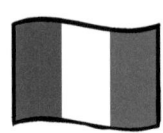

Fransızca

фаронсавӣ

Arapça

арабӣ

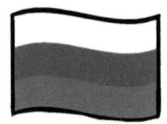

Rusça

русӣ

Portekizce

португалӣ

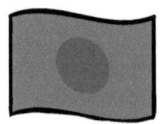

Bengalce

бенгалӣ

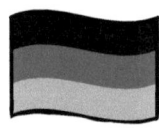

Almanca

олмонӣ

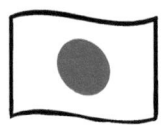

Japonca

чопонӣ

ben
....
ман

sen
....
шумо

o
....
Ӯ / вай / он

biz
....
мо

siz
....
шумо

onlar
....
онҳо

kim?
....
ки?

ne?
....
чй?

nasıl?
....
Чй хел?

nerede?
....
дар куҷо?

ne zaman?
....
кай?

isim
....
ном

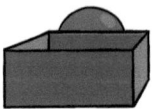

arkasında

аз паси

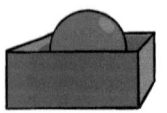

içinde

дар

önünde

дар пеши

üzerinde

дар болои

üstünde

дар рӯи

altında

дар зери

yanında

дар назди

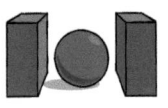

arasında

миёни

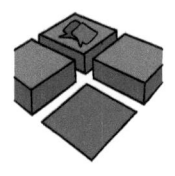

yer

ҷой